「躾」のすすめ

　整理・整頓・清掃・清潔（４Ｓ）は、アメリカのフォード自動車の創立者ヘンリー・フォードが最初に提唱しました。日本では、これに「躾」を加えて「５Ｓ」として、これが職場の安全管理の基本となっています。そして、実際にも、この４Ｓ＋「躾」を実践して大きな成果を上げている多くの企業があります。

　躾という字は、「漢字」ではありません。日本で作られた「日本字」です。「身」と「美」の組み合わせですから、本来「身体を美しくする」という意味を持っています。

　日本では、すべての行動に美しさが要求されます。茶道はもとより、相撲、剣道、柔道、弓道という武道にも、美しさが求められてきました。その美しさは、自己鍛錬と自己規律により生まれます。すなわち、躾は自分自身を「誇り」に思うこと、自分自身を誇りに思えるようにするためのものです。これが「躾」です。

　本書では、半世紀にわたり著者が見聞してきた、多様な企業で多様に働いている素晴らしい人々が、共通に身に着けている「躾」のなかから、基本的なものばかりを厳選いたしました。そして、これらの「躾」は、単に安全管理のためだけでなく、およそあらゆる職場の効率性・生産性の向上につながるものです。

　著者としては、働くすべての人々に読んでいただけることを、心より願っております。そして本書が、働く人々の健康と安全の確保に、また生産性の向上にいささかでも貢献できるとすれば、著者の喜びはこれにすぐるものはありません。

　　2018年６月吉日

　　　　　　　　　　　　　　　　　　　　　　　　東内　一明

目　次

1　「躾」のすすめ ………………………………………… 9

2　躾の実際 ……………………………………………11

I　躾のはじめ＿＿＿＿＿ 11

(1)　あいさつ＿＿＿ 11

(2)　使う言葉の統一　職場の公用語は「標準語」＿＿＿ 13

(3)　職場での歩き方＿＿＿ 14

1　通路の選択＿＿ 15
2　右側（左側）通行＿＿ 16
3　通路では走らない＿＿ 17
4　物を運搬する人を優先する＿＿ 17
5　行き交う人に会釈する＿＿ 17
6　作業者のそばを通るときは、声をかける＿＿ 17
7　通路線を踏まない＿＿ 18
8　通路の曲がり角はスピードを落とし、
　　　　　　　安全を確認して曲がる＿＿ 18
9　カーブミラーで確認する＿＿ 18
10　ドアの前を通るときは、ドアの動きを確認する＿＿ 19
11　ドアの開閉はゆっくり行う＿＿ 19
12　通路の停止位置で左右確認＿＿ 19
13　構内道路では歩行用の通路として
　　　　　　　指定されたところ以外は歩かない＿＿ 20

(4)　通路の取り扱い＿＿＿ 21

1　表示された通路は、通路としてのみ使用する＿＿ 21
2　通路を濡らさない、濡らしたら直ちに拭く＿＿ 22
3　通路のゴミは見つけた者が拾って処理する＿＿ 22

－4－

目　次

4 通路に物を置かない＿＿ 22

5 事務机と事務机の間の通路＿＿ 23

(5)　階段の使い方＿＿＿＿ 23

1 階段は手すりを使う＿＿ 24

2 階段では両手で荷物を運んではならない＿＿ 24

3 階段では右（左）側通行を厳守する＿＿ 25

(6)　エレベータの使い方＿＿＿＿ 25

1 エレベータはできる限りグループごとに乗る＿＿ 25

2 エレベータの操作盤の前に積極的に立つ＿＿ 25

3 エレベータの中では、会話をしない＿＿ 26

4 エレベータから降りるときは、前の方から素早く降りる＿＿ 26

5 エレベータでのあいさつ＿＿ 26

(7)　更衣室の使い方＿＿＿＿ 26

1 更衣室では静かにする＿＿ 27

2 ロッカーに収納していいものは、通勤に使用するものと
　　　　　　　　　　　　　　作業に使用するものだけ＿＿ 27

3 更衣室の５Ｓ＿＿ 27

(8)　服装のルール＿＿＿＿ 27

1 服装は定められているものをキチンと着用する＿＿ 28

2 清潔なものを着用する … 作業服は清潔だから作業服である＿＿ 29

(9)　靴のルール＿＿＿＿ 30

1 靴は、職場の雰囲気や環境に適したものを履く＿＿ 30

2 ハイヒールを履いてはならない＿＿ 31

3 靴ひもの結び方＿＿ 31

(10)　トイレの使い方＿＿＿＿ 32

1 男性用小便器の使い方＿＿ 32

2 大便器で男性が小便をする場合は座ってする＿＿ 32

3 大便器は使い終わった後掃除をする＿＿ 33

4 厳重に手洗いをする＿＿ 33

(11)　机の使い方＿＿＿＿ 34

1 机は作業台であり、物置場ではない＿＿ 34

－ 5 －

目 次

2 作業中に机にものを置くときは、机の縁に平行に置く____ 34

3 机の引き出しには、業務に不必要な
私物を入れてはいけない____ 35

4 作業が終わったら、机の上には、
原則として何もない状態にする____ 35

(12) イスの使い方_____ 36

1 イスを踏み台にしてはならない____ 37

2 イスの使用後は必ず机の下に収める____ 37

(13) 書類の使い方・整理_____ 38

(14) キャビネット・カウンター等の備品の使い方_____ 39

Ⅱ 4Sの教え____ 40

(1) 整理_____ 41

1 捨てること____ 41

2 使ったものは、決められた元の場所に戻す____ 42

3 置き場所を決める____ 43

(2) 整頓 … 全員が常に行う_____ 43

1 置いた形を長方形にする____ 44

2 一直線に置く____ 45

3 置き方に一定の思想と秩序をもたせる____ 46

4 物を「本来の形」と「本来の置き方」にする____ 46

(3) 清掃 … 常時行う_____ 47

(4) 清潔 … 美は細部に宿る_____ 48

Ⅲ 具体的な作業で守るべきルール____ 49

(1) 仕事の始めに行うべきこと_____ 49

1 始業時の整理・整頓・清掃____ 49

2 仕事始めのＫＹ活動____ 50

3 作業変更時の一呼吸 …「一呼吸も一工程」____ 50

(2) 私物のルール_____ 52

1 事務労働における私物の使用 … ＰＣと
ＰＣ周辺機器の使用禁止＿＿ 52

2 工場や建設現場での技能労働の
私物使用 … 作業終了後の点検＿＿ 53

3 安全衛生上の保護具の使用 … 有効期限の確認と常時点検＿＿ 53

4 電動工具等エンジン付きの器具の私物は持ち込み禁止＿＿ 53

(3) 床のルール＿＿＿＿ 54

1 床は常に掃除すること＿＿ 55

2 床はドライに＿＿ 55

3 床に移動電線等は這わせてはならない＿＿ 56

4 床に、踏み台、作業台、使用後の物品を
置いたままにしてはいけない＿＿ 57

5 床は、定められた用途以外には使用してはならない＿＿ 58

(4) 保護具の着用 … 着用はプロの誇り＿＿＿＿ 59

1 ヘルメット（安全帽）＿＿ 61

2 墜落制止用器具＿＿ 62

3 騒音作業場所での耳栓、イヤーパフの使用＿＿ 64

(5) 特に注意すべき作業＿＿＿＿ 66

1 非定常作業＿＿ 66

2 機器類の故障・修繕作業 … 機器類の修繕、清掃等は
その運転を停止したうえで行うこと＿＿ 67

3 高所作業 … 手すりをチェック、
そして墜落制止用器具と保護帽の着用＿＿ 69

4 脚立作業＿＿ 70

5 荷の持ち上げ作業＿＿ 73

6 重量物の運搬作業 … 運搬用具を使用する＿＿ 75

Ⅳ 労働災害発生時における対応＿＿＿＿＿ **77**

(1) 救護者の安全の確保＿＿＿＿ 77

1 感電事故＿＿ 78

2 密閉された室内、地下室、坑、井戸、
サイロ等で作業者が倒れている場合＿＿ 78

－ 7 －

目 次

3 機械巻き込まれ災害＿＿ 80

（2） 救命、応急手当＿＿＿＿ 80

1 心停止や呼吸停止が疑われる場合＿＿ 81

2 止血措置 … 高位保持と直接圧迫止血法の実施＿＿ 83

3 手足や指が切断された場合 … 切断された
手足や指を病院に運ぶ＿＿ 84

4 死者を追悼する＿＿ 84

Ⅴ 非常事態への対応 … 矜持ある人間・社会貢献する
企業人としての心構え＿＿＿＿＿ 85

Ⅵ 安全を大事にする考え方を身につけること＿＿＿＿ 87

1 US スチールの「安全第一」＿＿ 87

2 フォード自動車の４Ｓ＋躾＿＿ 87

3 日本の安全第一の始まり … 1912 年の足尾鉱業所の標語＿＿ 88

4 旧海軍造船所の安全第一 …「安全は…国守る」＿＿ 89

3 新しい躾の創造に向けて‥‥‥‥‥‥‥‥‥‥‥‥91

－ 8 －

1 「躾」のすすめ

　ラグビーの強豪、ニュージーランドのオールブラックスは、試合開始前に先住民マオリ族の舞踊「ハカ」を踊ります。そして試合では、1人が全員のために、全員が1人のために行動し、世界の強豪をなぎ倒します。

　消防団の出初め式で、高いハシゴの上で美しく舞う法被(はっぴ)姿の若者をご覧になったことがあるでしょう。とび職の人たちです。
　ハシゴの根元ではあらゆる年齢層のとび職の人たちが鳶口(とびぐち)を出してハシゴを支え、微妙に調整しつつ頂きで舞う若者が安全にかつ自由に踊れるようにしています。
　とび職の労働歌は木遣り歌です。ハシゴの場合とは反対に主メロディは、熟年の人がさびた高音で歌い、それを全員が支えて美しい低音で合唱します。
　このように、あらゆる年齢層のとび職が、派手な仕事も地味な仕事も、チームの一員として担当します。そして、このようなとび職

― 9 ―

1 「躾」のすすめ

たちの共同作業が、東京タワーや東京スカイツリーの建設を可能に
しました。

　ニュージーランドのオールブラックスや日本のとび職の集団活動
は、全員が全員を信頼しているから成立しています。その信頼は、
はるかな昔から多くの人に考え抜かれ、風雪に耐えて鍛えられた
ルールに、全員が完璧に従うことから生まれています。

　このルールが「躾」です。

2　躾の実際

Ⅰ　躾のはじめ

(1)　あいさつ

　躾の始めは、あいさつです。

　あいさつは、単なる儀礼ではありません。職場では不可欠のものです。

　職場でもっとも大事なことは、すべてのメンバーが相互に認識していることです。あいさつはそのためのものです。

あいさつの基本の形
①　腰をかがめる「きちんとしたあいさつ」 ②　あなたがいることを知っているという「合図の目くばせ・微笑やうなずき」 ③　声を出して相手に自分がいるよと知らせる「声掛け」

2 躾の実際

　これらのあいさつを、場所や場合に応じて適切に使い分けなければなりません。

　最近、日本にも外国人の方が多くなりました。例えば歩道で、双方がすれ違うために、ほんの少し道を譲る場合がありますが、外国人の多くがその前にチョッと合図をしたり、ほほ笑んだり、会釈したりします。
　このような行動・しぐさは、多数の人が行き交う社会や共生社会での基本的なルールです。ましてや、職場では必要不可欠です。

警察のあいさつ

　警察では、最初に敬礼を教えます。

①　右手を顔の横にあげて帽子のつばのところに中指と薬指の中間がピタッとおさまるようにする

②　伸ばした手の平は正確に地面の方角を向き、前方からは手の側面しか見えないようにする

③　肩から肘までの腕は正確に肩と平行になり、左腕はすっと伸ばし左手の中指がズボンの縫い目にピタリとおさめる

④　背筋はキリリと伸ばし胸を張る

　これが正式な美しい敬礼で、全員が無意識にできるようになるまで、辛抱強く訓練をします。

－ 12 －

I　躾のはじめ

　あいさつの基本形式は、すべての企業で必要です。企業によっては、あいさつする場合の腰のかがめ方の角度まで定めているところもあります。

　企業ごとに、その企業の業務内容に応じて、9ページの3種の基本形を定めて、その形が無意識に実行できるようにしてください。

（2）　使う言葉の統一　職場の公用語は「標準語」

　日本語でありさえすれば誰にでもわかる、というのは間違いです。標準語は誰でも理解できますが、それ以外の日本語は全く理解できないものから、誤解しやすいもの、微妙に意味合いが違うもの等様々なものがあります。

　特に最近、若い人が使う若者言葉が、意味が微妙に違う場合が多くなりました。特に若い人の話し言葉は、年配者のものとは大きく異なります。

若者言葉

　受付で「お名前を頂戴できますか？」といわれる場合があります。私はにこやかにその問いに答えますが、内心「自分の名前は与えたくない」と心の中でつぶやいています。

　また、若い人の言葉に「わたくし（俺）的には〜」という言い方があります。若い人にとっては、結構丁寧な言い方のようですが、私は違和感を覚えます。若者言葉には、このような標準語とはいえない言葉遣いが多くあります。

－ 13 －

2 躾の実際

　日本国内で使われている言葉は、若い人、年配の人、外国人等様々な人によって、それぞれ微妙に違います。かつ、正規社員、非正規社員、外国人、年配の人、若い人等、それぞれに興味の向く方向、指向する将来の姿が大きく異なっています。このような場合は、自分だけが理解できれば良いという言葉では十分な意思疎通はできません。

　現在の日本には、様々な日本語があります。使う人によって微妙に、あるいは大きく違います。**すべての人にとって同じ意味となり、同じ表現となるのは、標準語です。**

熟年者にとって若い人は外国人、熟年者も若い人にとっては外国人

　世界には、今でも、大勢の子供たちが餓死している国があります。私は昭和19年生まれですが、私の育った「国」は大変な食糧難で、配給食糧だけで生活した裁判官が餓死するような時代でした。一方、今の若い人が育っている我が「国」は、飽食の時代ともいわれ、私にとっては外国のようなものです。逆に若い人にとっても、私の育った時代は外国のようなものでしょう。

（3）　職場での歩き方

　職場の中には、様々な通路があります。門から事務所まで、更衣室から事務所、事務所の廊下、事務所の机と机の間等々、人間の通るところはすべて通路です。そして、**どの通路も歩くルールはすべて同じです。**

－ 14 －

◫ 通路の選択

　通路は目的地に向かうためのものですが、ちゃんと表示されているものもあれば、表示されていないものもあります。以下では、通路の選択のルールを紹介します。

　ア　表示されている通路がある場合は、そこを必ず歩く

　イ　表示がない場合は、安全な通路を自分で見つける

　ウ　行く先やその近くに、作業者がいないかどうか見極める

　エ　上部を見て、天井から物が吊り下げられていないかどうか、頭が当たりそうなところにホースや設備がないかどうか点検する

アについて

　近いからといって、近道を通ってはいけません。労働災害を惹き起こすヒューマンエラーの典型に「近道行為」と名付けられているものがあります。決して行ってはなりません。

イについて

　まず下を見て、物が放置されていない場所、デコボコがない、水や油で濡れていない床を見つけてください。

ウについて

　作業者は作業に没頭していますから、そばによるととても危険です。

エについて

　次に上部を見て、天井から物が吊り下げられていないかどうか、頭が当たりそうなところにホースや設備がないかどうか点検してください。コースを決めたら、そのコースに横の方から何か突き出ているものがないかどうか、確認をしてください。

　表示された通路は、このようなことが無いように確認をして表示されています。だからまずは、**表示されている通路を見つけること**です。表示された通路がない時は、自分で面倒な手続き、確認をして、安全な通路を自ら設定しなければなりません。

2　右側（左側）通行

　右の写真は、中央に線を引いて左右を分離した通路です。通路の中央を歩かず右側（左側）通行することを明確にルール化しています。このように明示されていなくとも、**あらゆる通路は右側（左側）通行を厳守**することが必要です。なお、通路は、どんなに狭くても、真ん中を歩いてはいけません。少しでも、右側（左側）を歩くべきです。

❸ 通路では走らない

通路を走っている人をよく見かけますが、とても危険です。**決して走ってはなりません。**走っている本人は企業のために忙しく働いているから走っていると思い込んでいますが、その多くは仕事の段取りが悪い等の理由からくる忙しさです。恥じるべきものです。

❹ 物を運搬する人を優先する

通行している人の中でもっとも優先すべきは、物を運搬している人です。職制の高い人が通路を譲られていることが多いようですが、これは間違いです。物を運搬している人に、すべての人が道を譲るべきです。

❺ 行き交う人に会釈する

通路では、すべての人が通路を通行するという共同作業を実行中です。相互に認識すべきですし、それを表現しなければなりません。しかも、通路で出会うメンバーは意図せずに出会いますので、お互いを認識しあうもっとも良い機会です。

❻ 作業者のそばを通るときは、声をかける

作業者は作業に一心不乱です。その作業のために不意に身体を動かします。その動きの邪魔をしてはなりませんが、その動きが不意に起きることによって労働災害が発生してはいけません。また、作業者もそばを通っている人がいるという意識をもって作業する必要があります。

7 通路線を踏まない

通路線はとても貴重な施設ですから、大切にしなければなりません。しかもこの表示は、消えやすいのです。多くの人のためにも、自分のためにも、**決して通路線は踏んではなりません**。

8 通路の曲がり角はスピードを落とし、安全を確認して曲がる

通路は見通しの悪いところが多数あります。建物の中の廊下は、ほとんどが見通しの悪い場所です。公共の道路では、見通しの悪い交差点は一旦停止が義務化されています。同様に、企業内の通路でも、**歩行者はスピードを落とし、安全を確認する**必要があります

9 カーブミラーで確認する

建物内の通路でも、見通しのきかない曲がり角にはカーブミラーの設置が増えてきています。カーブミラーの設置場所は、危険が想定されている場所です。必ずこの**カーブミラーで安全を確認する**必要があります。

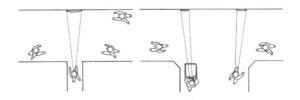

10　ドアの前を通るときは、ドアの動きを確認する

　ドアの向こう側にはドアを開けようとしている人がいるかもしれません。したがって、**ドアの前を通るときは、ドアが開かないかどうか注意して歩く**ようにし、ドアが動いたときには直ちに立ち止まり、ドアやドアから出てくる人との衝突を回避することが必要です。

11　ドアの開閉はゆっくり行う

　ドアを開けて出入りをする時は、ドアをゆっくり開ける必要があります。特にドアを押して出るときは、向こう側に人がいるかもしれません。仮に人がいても、その人が直ちに避けることができるように、**一旦 10cm ドアを開けて止め、向こうにいる人にドアが開くぞと合図をし**、それから外部の気配に意識を集中して、ゆっくりと開けてください。

12　通路の停止位置で左右確認

　通路には、時折イラストのような足あとの表示があります。この表示は一旦停止して、左右の指差確認をするように求めています。

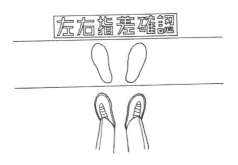

　この表示があるところでは、この**足あと標示の上に足を置**

き、人差指で左右を示しつつ「右ヨシ・左ヨシ」と声を上げて確認をして、前進しなければなりません。

13 構内道路では歩行用の通路として指定されたところ以外は歩かない

　以下のイラストや写真は、工場正門から工場・事務所までの様子を示しています。

　正門から中に入ると、そこは道路交通法の適用がない場所になりますが、この場所には乗用車、トラックなど公共道路と同じような車両が行きかっています。さらにはフォークリフト等の荷物運搬の専門車両が行きかっており、一般道路よりはるかに危険です。

　歩行者用通路として指定されたところ以外は、決して歩いてはなりません。

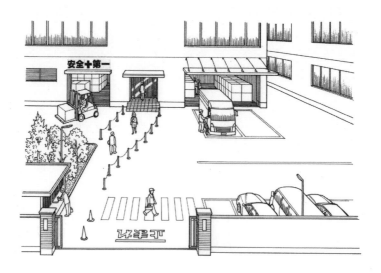

この写真は、工場の正門部分を内側から撮影したものです。この工場では、人が歩くところ（歩行者用道路）、自転車・バイク用、車両用に仕分けされています。このような仕分けがある場合は、この仕分けに厳密に従ってください。

（4）　通路の取り扱い

🔟　表示された通路は、通路としてのみ使用する

　表示された通路は、通路としてのみ使うように指定された場所です。これは、注意力を使わずに歩行しても安全だと指定された場所です。だから、とても貴重な場所です。
　人の注意力は、1日の量が決まっています。したがって、通路で注意力を使うと、その場所では事故を起こさなくても、他の場所で注意力を欠いて事故を起こします。

2 通路を濡らさない、濡らしたら直ちに拭く

通路は「通路としてのみ使うと安全」だと表示した場所です。ここが濡れているとすべりやすく、この表示に真っ向から反する状況となっているのです。**直ちに拭くべき**です。

3 通路のゴミは見つけた者が拾って処理する

床にゴミがあると、すべって転んだりします。しかし、それ以上に、床の美しさを損なってしまいます。通路を歩く人は、ほとんど床を見ています。床が汚いと、美しさに対する感受性が損なわれ、その他の場所の美しさが保てません。そして、それが事故につながります。

美しさは、安全のもっとも大事な指標です。これを損なってはなりません。

4 通路に物を置かない

通路に物を置いているとは、以下の写真のような状態です。通路の一部を占領して通路の持つ本来の機能を損なっているのです。直ちにどかすべきです。

5　事務机と事務机の間の通路

　狭い事務所では、事務机と事務机の間、つまり事務机に座って作業をする事務労働者の背後が通路となっている場合があります。このような場合、事務作業者がイスから立ち上がり、イスをそのままにしていると、通路を通る人々の邪魔になります。必ず、**イスは机の下に収めてから離席**しなければなりません。

(5)　階段の使い方

　階段はとても危険な設備で、自然界には決してないものです。スキーをする人は理解できますが、斜度が30度を超えるとそこは絶壁に見え、上級者が注意してすべるスロープになります。階段はほとんどが斜度30度を超えています。転倒したら、階段の下の床まで転落し、死亡することもごく普通です。

1　階段は手すりを使う

　階段の上り下りは、常に手すりを使用できる体勢で行わなければなりません。手すりという名称は、手を「すって」移動する設備だから「手すり」といいます。

　下の写真の階段は、中央にも手すりを設置して上り下りを指定した理想的なものです。

㈱不二家ご提供

2　階段では両手で荷物を運んではならない

　手すりを必ず使うためには、少なくとも片手は空いていなければなりません。

　両手で持たなければならないものは、分割して複数の人で運ぶか、複数の人の共同作業で、しかも指揮者付きで作業をさせてください。

　階段はとても危険な設備です。多くの人が転落して、死亡し、重傷を負い、障害を残しています。

I 躾のはじめ

❸ 階段では右（左）側通行を厳守する

階段でも通路の片側通行の原則が適用されます。上り下りの人が衝突したら、階段の下まで転落し、容易に死亡事故が発生します。

（6） エレベータの使い方

エレベータは、狭い場所で一定時間肩を寄せ合うようにして共用している濃密な空間です。企業トップから若手の新人まで、多くの人が狭い空間に一緒に閉じ込められていますので、その箱の中の時間は、同一組織にいる人間同士として特別のルールがあります。

❶ エレベータはできる限りグループごとに乗る

企業内の一つのグループ、つまり同じ目的を共有している人たちが一緒に移動した方が、企業活動がスムーズです。場合によっては、多少余裕があっても、そのグループだけを乗せ、ほかの人は遠慮すべき場合もあります。特に、**お客さんを見送っているような場合は、そのグループだけを乗せ、他の社員は遠慮すべき**です。

❷ エレベータの操作盤の前に積極的に立つ

エレベータに最初に乗る人は、積極的に操作盤の前に行かなければなりません。後から乗る人が済むまで、ドアが閉まらな

― 25 ―

2 躾の実際

いように注意しましょう。そして、他の人に降りる階をたずね、その人の代わりにボタンを操作しましょう。

❸ エレベータの中では、会話をしない

エレベータの中では、会話は控えましょう。濃密な空間であるからこそ、静けさを保つべきです。

❹ エレベータから降りるときは、前の方から素早く降りる

降りるときは素早く降りなければなりません。後ろに上司がいても先に降りるべきです。しかし、操作盤の前にいる人は、降りる人がすべて降りるまで操作盤の前で操作し、最後に降りるべきです。

❺ エレベータでのあいさつ

エレベータの中で目が合ったら、最低限の会釈をしましょう。降りる場合は、操作盤の前の人に無言で会釈をしましょう。前述したあいさつの一つです。

（7） 更衣室の使い方

更衣室は、ここで企業人としての正式の服装に変わる場所であり、ここから100％職場モードに切り替えなければなりません。ここからは、完璧に職場です。

— 26 —

I 躾のはじめ

1 更衣室では静かにする

更衣室から職場のルールが100％適用されます。したがって、**私語は控えるべきです。**

2 ロッカーに収納していいものは、通勤に使用するものと作業に使用するものだけ

ロッカーは、通勤に使用しているものを脱ぎ、職務に必要な服装に着替えるための企業施設です。ロッカーに入れていいものは作業で使う作業服、靴等の必要なものと、通勤に使用しているもので作業場では使用しないものの２つに限定されます。

したがって、**通勤に使用しない私物は保管してはなりませんし、そもそも職場に持ち込んではいけません。**

3 更衣室の５Ｓ

更衣室はプライベート空間ではなく、あくまでも職場です。**働く場所での５Ｓ（整理・整頓・清掃・清潔・躾）も同様に守らなければなりません。**

特に、ロッカーの上に物を置いたり、ほこりがたまったりしているようなことは論外です。

(8) 服装のルール

服装はあらゆる職場でもっとも重要な職場規律です。最近、ラフな服装が許されている企業も多くなっていますが、その場合で

— 27 —

も、職場の雰囲気はスーツ姿の事務所と全く変わりなく統一のとれた雰囲気となっています。このような服装の決まりは、慣習によるものもあるようですが、その多くは、もっとも重要な職場規律の一つとして、就業規則に定められています。就業規則の定めですから、必ず守らなければなりません。

1　服装は定められているものをキチンと着用する

　キチンと着用するとは、例えば男性のスーツ姿では、ワイシャツは指が一本入る程度の首周りで、ネクタイはその結びが襟と襟との間の真中心に来るようにしなければなりません。ズボンは常にアイロンをしっかりかけて、折り目が垂直に一直線に下りていなければなりません。

　作業服もスーツ姿と同様にきちんと着用すべきです。ボタンはすべてはめなければなりません。

❷ 清潔なものを着用する … 作業服は清潔だから作業服である

清潔なものを着用するとは、常に洗濯されていて、汚れがないものをいいます。これはスーツ姿だけでなく、作業服も同様です。

医師や看護師は実に清潔な作業服を着用していますが、これは職務によって自らが汚されないように着ているのではなく、職務の対象である患者を汚さないために、患者を守るために着ています。工場や建設現場では、作っている製品や周囲の環境を汚さないように作業服を着ています。製品や周囲の環境を汚さないために作業服を着ているので、その作業服が汚れていてはいけないのです。

すなわち、**作業服に着替えるのは、汚れている可能性のある私服から、汚れていない清潔な服装に変えるためなのです。**

ホンダの作業服

約50年前に、私は「ホンダ」の浜松工場を臨検・監督したことがあります。そこでは、工場長、工場の作業員、事務室の男女の事務員等すべての人が、同じ純白の作業服を着ていました。その時の工場長さんの言葉を紹介します。

「ホンダでは全員が純白の作業服を着ています。これは、作る製品を汚してはならない、作業服が汚れるような工場であってはならない、という哲学からです。全員が着用しているのは、美しくあるべきなのは工場だけでなく、およそすべての場所がそうであるべきだからです」

㈱不二家ご提供

左記は食料品製造業の作業服です。服装は純白のもので、少しでも汚れたら目立つようにしてあります。顔・頭部は、眼以外すべて覆っています。足首は、きちんと締め付けられています。

現場作業は、とかく汚れ作業だから、作業服は汚れてもいいと考えられがちですが、それは間違いで、**あらゆる作業において作業服は汚れていてはいけません。汚れたら洗濯して清潔にしなければなりません。**

(9) 靴のルール

企業において、靴の選択は働く人の自由にはなっていません。業務にもっとも適したものを着用しなければなりません。

❶ 靴は、職場の雰囲気や環境に適したものを履く

事務作業・オフィス労働の場合は、ビジネスシューズが一般的です。それ以外のものであれば、職場全体の雰囲気と合致するかどうか慎重な吟味が必要です。特に、**職場でスリッパやサンダルを履くことは厳禁**です。最近の労働災害の3分の1は転

倒災害です。スリッパやサンダルは転倒災害の大きな原因になるし、何よりも職場の規律を乱します。

2 ハイヒールを履いてはならない

特別に許される場合を除き、一般的には企業敷地内のすべてにおいて、ローヒールに限定されます。

企業敷地内であれば、就業時間外であっても、労働災害になる可能性がありますし、労働者も労働災害を起こさない職務上の義務があります。ハイヒールを履くことはこの義務に違反します。

3 靴ひもの結び方

靴ひもは、右のように結ぶべきです。

> **警察官の靴ひも**
>
> 警察官の場合は、蝶結びにして、そのうえで、蝶の部分（輪っかになっている部分です）をさらに固結びで結び、しかも、紐が長い場合はその先端を靴の中に入れ、決して何かにひっかけたりすることが無いようにしているそうです。緊急に走りだしたり、激しく活動することが必要な警察官にとって、靴ひもが緩くなって転び、そのために職務に後れを取ることは到底許容できないのでしょう。

（10） トイレの使い方

　トイレは、その職場で働く人々の雰囲気を一番正直に表現します。職場の規律、働く人の品位がもっとも問われる場所です。だからこそ、そこが不快な場所であれば、お客さんにもぬぐいがたい悪印象を与えます。

　それ以上に、トイレの不快感はその職場で働くすべての人に深刻な悪影響を与えます。

❶　男性用小便器の使い方

　便器の外に小便が決して漏れないようできる限り前方に立ち、便器の中に小便がすべて落ちるようにしなければなりません。ほとんどの企業では、便所で使用した靴のまま廊下を歩き、事務所に入り作業場で仕事をします。だから小便が床にあると、職場全体が大変不潔になります。

❷　大便器で男性が小便をする場合は座ってする

　大便器を小便器と共用する場合は、男性も座って用を足さなければなりません。立って用を足すと、跳ね返ったり外に漏れたりして汚れることが多くなるからです。

　なお、立って小便をする場合は、少なくとも便座は上にあげ、済んだら必ず下ろしておかなければなりません。

3 大便器は使い終わった後掃除をする

大便器が汚物で汚れた場合は、必ず「たわし」で掃除するようにしてください。水で流れ切らなかったものが便器に残り、次に利用する人が大変不快になります。特に男性はこのルールが身についていない人が多いようです。便所には必ずどこかに柄付きたわしが置いてあります。探して、きちんと始末してトイレを出ましょう。

4 厳重に手洗いをする

トイレを使用しても自分の手は決して汚れないので手を洗う必要はない、と主張する人がいます。しかし、**従業員すべてが手を洗わなければなりません**。なぜなら、手が汚れる人の方がかなりの確率でいるのも事実ですし、一般の人は汚れると思っているのです。トイレの後に手を洗わない人がいる職場は、その職場の快適性に疑問を持たれてしまい、職場が不潔であると感じられてしまいます。

手を洗うのは、自分のためではありません。他人のためです。自分は汚くないと他人に見せるためです。

(11) 机の使い方

1 机は作業台であり、物置場ではない

机は作業台です。**作業しているとき以外は、机の上に何も載っていてはいけません**（この例外は、パソコンだけです）。

机で作業するときは、道具や部品などの現に行っている作業に不可欠のものしか置いてはいけません。

2 作業中に机にものを置くときは、机の縁に平行に置く

机の上にものを置くときは、机の縁に平行に置くようにしなければなりません。

3 机の引き出しには、業務に不必要な私物を入れてはいけない

引き出しの中は、私物であっても業務に必要な物品しか保管してはなりません。机の中に職場で使用しない私物を置いている人は、自宅の机と誤解しているのです。机のカギを企業が預けているのは、時として秘密の書類を保管する必要があるからで、私物を保管するためではありません。

4 作業が終わったら、机の上には、原則として何もない状態にする

一つの作業が終わったら、その**作業に必要な用品等は作業前にあった元の場所に戻さなければなりません。**この写真を見てください。机の上に雑然と積まれた書類、立てかけられたファイル、机の下や背後の通路に積まれたファイル・書類…、整理整頓されていない典型例です。

> **不必要なものは片付ける**
>
> 　事務作業の場合は、不必要なファイル、いつ読むのか判然としない書籍、数か月前に検討した書類等が雑然と積まれている場合があります。現に行っている事務作業に必要な物品以外の物品が机の上にあると、集中力を欠き、効率が悪くなることは、工場の作業台に不要なものが置いてあるのと全く同様です。
>
> 　さらには、机の上に書類などを高く積んで、人から見えないようにしている人がいます。これらはすべて、非効率な事務作業をやっている人の典型的な特徴です。

(12) イスの使い方

　イスは座るための道具で、座って作業するためのものです。

　両足はゆったりと開き、横から見ると膝が直角に曲り、両足が地面にいつも床に垂直になっているような体勢で作業してください。この姿勢が、人間工学上一番疲れが少なくなります。

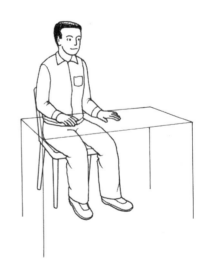

1 イスを踏み台にしてはならない

イスを使って天井の蛍光灯を取り替えたりする作業を見ます。これはオフィスワークの重大災害で、もっとも多い原因の一つです。特に、キャスター付きのイスである場合、自殺行為といえます。厳禁です。

2 イスの使用後は必ず机の下に収める

イスの定位置は机や作業台の下です。そこから引き出して座りますが、使用した後は必ず元に戻さなければなりません。

イスの背後は共用の場所です。共用の場所をイスの使用で占拠しているのです。イスから立ち上がり他の場所に行く場合は、必ずイスを机の下に入れてください。これは、会議室等のイスを使用した場合も同様です。

イスの乱れは整理整頓を怠らせる

整理・整頓の基本は美しさを保つことですが、イスが乱れていては、部屋の美しさを損ないます。イスの乱れは、その部屋をとても汚くして、その他のやるべき整理整頓を怠らせる方向に作用します。

(13) 書類の使い方・整理

　企業にある全ての書類は、企業のものでかつ全て共用のものです。また、職員が自分用にアレンジして個人用に作った書類も企業のものです。

　したがって、書類を使ったあとは、直ちに当該書類が保管されているキャビネット等に返還しなければならないし、個人用に作った書類も、他人が使えるように整理整頓して保管しなければなりません。

　しばしば次のイラストのような状況や考え方をしている人を見ます。これらはすべて間違いです。

（14） キャビネット・カウンター等の備品の使い方

　事務所・工場等にある企業の備品等の施設は、その施設の本来の使い方以外には使用してはなりません。これらは全て本来の使い方に従って使う場合のみ美しく、安全なのです。例えばキャビネットはその扉の中に物品を補完するためのものですから、キャビネットの上部にものを置いたり、カウンターなどとして使うことをしてはなりません。

キャビネットの上に書類ファイルを置き、扉にポスターを貼ったり、ついにはハンガーをかけるものまで設置しています。このような使い方が、事務所の美しさを大いに損ねます。

2 躾の実際

Ⅱ 4Sの教え

4Sとは、整理・整頓・清掃・清潔です。4つの言葉の頭文字が
いずれも「S」なので、これらの4語を、4Sと称しているのです。
工場だけでなく、全世界の職場に普及しています。

本書でも、この4Sの教えが、あらゆる職場に必要な「躾」のもっ
とも大事な、基本的な概念として、その内容・方法を詳述します。

4Sの歴史

整理・整頓・清掃・清潔の重要性を最初にいいだしたのは、
20世紀初頭、世界で最初にコンベアーによる大量生産方式を
採用してT型フォードを世に出し、大成功を収めて20世紀
資本主義生産方式を確立した大偉人の「ヘンリー・フォード」
です。

このように4Sは、自動車生産のために作られた思想です
が、今や、自動車生産だけでなく、あらゆる工場で行われて
います。しかも工場だけでなく、純粋な事務所・オフィスワー
クにおいても広く普及し、当然のこととして行われています。

4Sがあらゆる職場に広がっているのは、この言葉が、単
に安全管理のためだけでなく、およそあらゆる職業の効率性・
生産性の向上・実現に不可欠であるからです。だからこそア
メリカだけでなく、あっという間に世界中に広がったのです。

(1) 整 理

整理とは、不要な物を捨て、必要なものを、決められた場所に
置くことです。

1 捨てること

捨てることには勇気がいります。しかし、企業は生き物で日々
変化しています。現在必要ない物は、将来必要になることはあ
りません。

現場労働もオフィスワークも、油断をすると次第に物が増え
ます。日々新しい物が入ってくるのに、古い物を捨てないから
です。不必要なものを捨てないことは、企業活動を大きく阻害
します。**不必要な物は捨ててください。**

なぜ物を捨てられないのか

人々が過去のものをいつまでも捨てられないのは、その保
管が無料だと思っているからです。保管さえしておけば、将
来必要な時に、コストゼロで使用できると思うからです。し
かし、職場の空間は無料ではありません。莫大なコストを払っ
て維持されています。その空間は、今日必要なものを置くこ
とで精一杯の余裕しかありません。それ以外の物を置くと、
今日必要なものを置けなくなります。

イギリスの軍艦は、そのままにしておくと重量が重くなっ
て喫水線が1日ごとに1cm下がり、それが軍艦の自由な行動
を阻害し、戦闘に負けるという理由で、物を積極的に捨てる
ことを奨励しているそうです。

② 使ったものは、決められた元の場所に戻す

　職場の物は、多くが共用の物です。**使用後は、次の人が直ちに使えるように、決められた元の場所に戻さなければなりません**。

　使用した物を戻すためには、置き場所が決まっていなければなりませんが、その場所は管理者が指定しましょう。働く人の自由に任せると、その人にとって便利な場所になりますが、他の人にとっては不便な場所になります。全員にとって便利な場所は、全員のすべての動線を知っている管理者にしかわかりません。

伝統工芸人の道具の置き場所

　古くからの伝統工芸人は、各種の道具を多数そろえています。その多数の道具からもっとも適する道具を短時間に選択し、効率的に作業を進めるために、置き場所を厳密に区別しています。ほとんど無意識でも、多数の道具の中から目的のものを自動的に選ぶことができます。それは常に置いてある場所が一定しているからです。これはすべての職務においても同様です。だから使ったあとは、必ず元の場所に戻さなければなりません。

　次の写真は、工場の保守・点検のための簡単な用具置場です。これを使う人は工場の工務課所属の職員でいわばプロです。このような人達でも、間違わないように置き場所に写真を貼っています。これが整理の基本です。

Ⅱ　４Ｓの教え

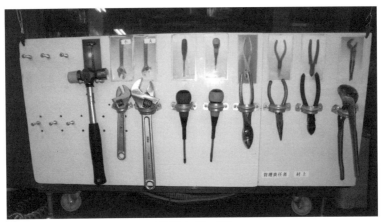

山崎製パン㈱ご提供

❸　置き場所を決める

　共用の物は置き場所が決まっていますが、**自分専用の物は、自分で置き場所を決めなければなりません。**置き場所を決めなくとも、自分専用のものはすぐにわかるという方もいますが、それは間違いです。置き場所を決めないと、すぐに混乱します。

（２）　整頓 … 全員が常に行う

　整頓とは、すべての物品を美しく（シンプルに）置くことです。シンプルに置くとは、置いた形が長方形になっているか、長方形にならない場合は、置いたものの一辺の縁が直線になっていることをいいます。
　また、置いたものがシンプルに見えるためには、その置き方に思想と秩序がなければなりません。

1 置いた形を長方形にする

　置いたものを集団として見た場合、上の方から見ても、横の方から見ても、長方形に見えなければなりません。

> **土地も名画も…**
>
> 　土地も直線と直角で構成されている土地がもっとも高価に取引されます。長方形でない不整形地は安いのです。それは、人に不安感を与えるからです。
> 　古今の名画は、すべて正方形か長方形の額に収まっています。直線と直角で構成された形がもっとも美しく見え、人に安心感を与えます。

　写真は、理想の置き方です。上から見ても、横から見ても長方形に置いてあります。

2　一直線に置く

　置いたときに、それぞれの物品が概ねではなく、**正確に一直線であること**が必要です。これは、長方形に置いた場合もそうです。

　このポスターの貼り方は一直線になっています。とても綺麗です。また、下記 3 の「物の置き方に思想が必要である」という考え方に沿って、ポスターやヘルメットの置き場所が決まっています。

三井製糖㈱ご提供

上記は工場事務所の写真です。机の置き方、パソコンの置き方が一直線です。使う人が隣の人のパソコンの置き方を考えつつ一直線になるように置いています。ただしイスの置き方が机の下になっていない点は残念です。

3 置き方に一定の思想と秩序をもたせる

物の置き方には、一定の思想と秩序が必要です。

事務所の机の配置、工場の機械・設備の配置など企業の根本の設備・物品については、組織管理や生産管理の必要性に基づく思想と秩序に基づいて配置されています。これ以外のすべての物品についても同じです。

基本的な置き方は、**同じ種類のものは同じ場所に置く、それぞれは使う順番、使う頻度の順に置く**、というものです。

4 物を「本来の形」と「本来の置き方」にする

職場のすべての物品について、「本来の形と置き方」を意識し、異なっている場合には、全員がその都度直さなければなりません。

これは日常的に全員がしなければなりませんが、簡単なことです。扉が空いていれば閉め、物品がゆがんで置いてあれば直し、置きっぱなしにしてあれば、本来の場所に戻せばいいのです。

II 4Sの教え

> ### 「本来の置き方」「本来の形」
>
> 「本来の形」ですが、例えばロッカーは、使う時には扉を空けますが、作られた時の形（本来の形）は扉が閉まっていますから、明けたら閉めなければなりません。
>
> 「本来の置き方」ですが、例えば机とイスの置き方は机の下に椅子を収めた形です。したがって使用した後は必ず机の下に収めなければなりません。

（3） 清掃 … 常時行う

清掃という言葉には、床や壁や、作業台等の職場をきれいにするという意味のほかに、そこに存在するものをあるべき状態に戻すという意味も含まれます。ほうきや掃除機を使ってほこりを取ることだけが清掃ではありません。

床なら、その本来の姿に戻すことで、油が付着していたり、水で濡れたりしていてはいけないのです。床は、水や油が付着していると、大変すべりやすくなります。すぐに拭き取るべきです。

このようなことから、職場の清掃は、作業中常に行わなければなりません。

なぜなら、清掃すること、つまり本来あるべき姿に戻すことは、作業のために元々求められている姿にすることだからです。

2 躾の実際

（4） 清潔 … 美は細部に宿る

　　清潔とは、職場が衛生的で、美しく見えることです。美しく感じるためには、細部から美しくなければなりません。美は細部に宿ります。

　　清潔であると感じるためには、以下のことが必要です。

---

①　職場のあらゆる場所にほこりがないこと

②　あらゆる場所に「たまり水」がないこと

③　小さな「ゴミ」が放置されていないこと、特に生ゴミがキチンと処理されていること

④　換気扇、換気扇のろ紙・ろ網、シンク等に油汚れがないこと

⑤　照明器具にほこりが見られないこと

⑥　すべての開閉扉に手あかがついていないこと（特にドアの取手の周りに注意。汚れて汚くなっている場合が多く見られる）

⑦　各種スイッチ類とその周りが、手あかで汚れていないこと

⑧　トイレ、窓枠・ガラスにほこりや汚れがないこと

⑨　生花、植木がみずみずしいこと

⑩　かさ入れの底が汚れていないこと

⑪　従業員の制服に汚れがないこと

　　これらを実現するためには、職場の全員が気付いたら実行する必要があります。そうしないと、職場は美しくなりません。

— 48 —

Ⅲ　具体的な作業で守るべきルール

（1）　仕事の始めに行うべきこと

🔳　始業時の整理・整頓・清掃

　始業時には、すぐに仕事を始めてはいけません。**まず周りを見回し、整理・整頓・清掃をしましょう。**昨日帰る時に整理・整頓・清掃をした場合でも改めて今日の作業のために整理・整頓・清掃をしてください。帰社後に誰かが物を動かしたり、汚している可能性があるからです。

2 仕事始めのKY活動

仕事始めに、1日の作業を思い浮かべ、その作業の中で注意すべき点を挙げましょう。これは一般にKY活動といわれているものですが、KY活動として組織的に行われる場合は、それに従えばいいのですが、そうでない場合も、同じように実行しなければなりません。

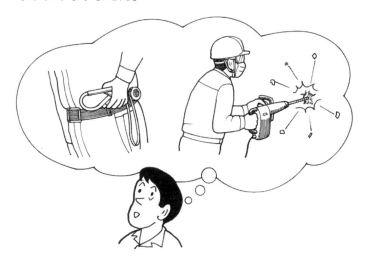

3 作業変更時の一呼吸 …「一呼吸も一工程」

1日の作業は途中で少し変わるのが普通ですが、その時は再びKY活動をしなければなりません。組織的に行われるKY活動でなくとも、これからの作業を思い浮かべ、始業時と同じように、これからやる作業を心の中で繰り返し注意点を挙げてください。そして新たな作業を始めてください。

III 具体的な作業で守るべきルール

1人KYのすすめ

　上記のことは「立ち止まり、考え、実行する（ストップ・ルック・ゴー）」というものです。ベテランの方は、「やるべきことは十分にわかっているよ」と思われるかもしれませんが、ベテランであればあるほど忘れがちです。

　「一呼吸も一工程」といいます。作業の初めに一呼吸おいて作業を繰り返すのも、作業を完成するために、必要不可欠な一工程であるということです。

　この作業変更は、1日に何度も何度も起こります。例えば、机で事務作業をしていた人が、ロッカーにものを取りに行くような場合、打ち合わせに立ち上がるような場合、現場作業者が出来上がった製品をちょっと運ぶ場合等々です。要するにそれまでやっていた作業から少し違うことをやる作業のすべてに一呼吸ルールが適用されるのです。

2 躾の実際

（2） 私物のルール

　基本的に、**私物は職場に持ち込んではなりません**。職場では、職場のものを使うべきです。また職場のものは、決して私用に使ってはなりませんし、自宅に持ち帰ってもいけません。職場の慣習等で私物を使うことが許されていることがありますが、その場合でも、次のことは必ず守らなければなりません。

■ 事務労働における私物の使用 … ＰＣとＰＣ周辺機器の使用禁止

　私物であっても、使い慣れた筆記用具等は多くの企業で使用が許されていることがあります。しかし、最近頻繁に使用されるようになったＰＣ（タブレット等）とフラシュメモリー等の**ＰＣ周辺機器については、私物の使用は控えなければなりせん**。
　使用する場合は、その都度職場の許可を取ってからにするべきです。

> **フラッシュメモリーの使用に注意を**
>
> 　フラッシュメモリーは、出張時や帰宅中にちょっと書類を見たい場合や、少し作業したい場合などにはとても便利な機器ですが、紛失しがちですし、ウイルスに汚染もされやすいものです。これらへの対策が十分でないものを使用すると、ハッカーの侵入、情報の漏えい等、企業に想像もつかないような莫大な損害を与える恐れがあり、また、重大な災害の原因となる恐れもあるので、絶対に使うべきではありません。

III　具体的な作業で守るべきルール

② 工場や建設現場での技能労働の私物使用 … 作業終了後の点検

　技能労働では、使い慣れた私物の使用が許されている場合があります。例えば、ラチェットレンチ、手鋸、ハンマーなどです。しかし、これらの器物が作業終了後に作業現場に残っていることにより、重大な災害原因になる場合があります。したがって、許されている私物でも、**作業終了後は、職場に置きっぱなしにしないで必ず所有者が持ち帰る必要があります**。そして、職場に置き忘れていないかどうか、自分が所持しているかどうか、厳密な点検が必要です。

③ 安全衛生上の保護具の使用 … 有効期限の確認と常時点検

　人は自分のものは大事にして、長期間使おうとします。とてもいいことですが、このことは安全上の保護具には当てはまりません。

　特に、**墜落制止用器具、呼吸用保護具などは、使用期限が過ぎたら廃棄**しなければならないし、使用期限内であっても、必要な強度があるかどうか、常時の点検と確認が必要です。

④ 電動工具等エンジン付きの器具の私物は持ち込み禁止

　現場作業で持ち込んでいいものは、使い慣れた道具類だけです。この場合、道具というのは大昔からの手工具のことです。

— 53 —

電動丸ノコなどの電動工具やエンジン付きの工具類は、簡単なものでも、不具合等が原因で本人のみならず同僚や第三者にまで甚大な被害を及ぼすことがあります。これらは決して持ち込んではなりません。

(3) 床のルール

床は美しくしなければなりません。床を美しくすることは、職場を快適にするために、もっとも大事なことです。

下の3つの写真は、同じ工場の写真です。床がもっとも汚くなるのは工場ですが、この工場では、このようにいたるところの床が美しく光っています。これが床の理想であるべき姿です。

Ⅲ 具体的な作業で守るべきルール

山崎製パン㈱ご提供

1 床は常に掃除すること

床にゴミがあれば、直ちにゴミを拾いゴミ箱に捨てるようにしなければなりません。一つのゴミを拾うだけで済まない場合は、ほうきとちり取りをもって、常時掃除をしなければなりません。

2 床はドライに

床は、水や油に濡れていてはいけません。水や油に濡れていると汚く見えますし危険です。しかも、すべって転んで大けがをし、時には死亡事故になります。ですから**濡れた床は直ちに拭く**ようにしてください。

すべりを防止するためには、まず油と水の飛散の防止と、飛散した場合の即時除去です。

水が飛散する場所は、食料品工場や調理場・厨房が多いです。このような場所が濡れるのは、そこが水場だからと多くの人が思っているからです。しかしこれは間違いです。濡れていていいのは、シンク等の本来水が存在する場所だけです。床には水があってはいけないのです。

2 躾の実際

油と水の飛散を防ぐには

　製造工場では、時として旋盤等から機械油が飛散していま
す。この飛散は多くの職場でやむを得ないものとしてあきら
めていますが、あきらめるから飛散するのです。

　これまでの私の経験では、飛散しないようにできない場合
はただの一度もありませんでした。知恵を絞れば、飛散を防
止できます。ぜひ取り組んでください。そして、それでも飛
散するのであれば、それは常時拭き取る必要があります。拭
き取らないと、その場所を訪問した人の靴裏について全工場
に広がり、全工場ですべりによる転倒が多発します。

　また、床が水で濡れている原因の一つに、職場全体が仕方
ないとあきらめていることがあります。これは間違いです。
家庭の台所を思い出してください。家庭の台所の床が水に濡
れていることがあるでしょうか。家庭で調理する方が長靴を
履いて調理していることがあるでしょうか。決してありませ
ん。それは床が濡れてはいけないと注意しているからです。
濡れたら雑巾で拭いているからです。

❸　床に移動電線等は這わせてはならない

　写真のように、床に、何気なくガスホースや移動電線を這わ
せている職場が見られます。このような行為は絶対にしてはな
りません。

この写真は移動電線です。

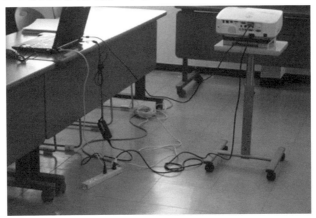

下の写真はガス管です。

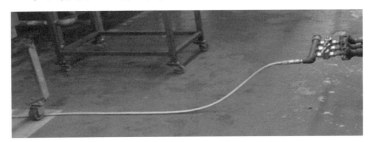

4 床に、踏み台、作業台、使用後の物品を置いたままにしてはいけない

　床に放置されるものでもっとも多いのは、踏み台や作業台です。踏み台や作業台を必要とする作業もありますが、これらは必要な時だけそこにあるべきで、**必要がない時には、作業場の物置き場にきちんと置く**ようにしなければなりません。

5 床は、定められた用途以外には使用してはならない

床には、基本的には3つの役割があります。**一つ目は通路、二つ目は物の保管場所、そして三つ目は作業場所**です。床にはこの3つの役割があり、この3つしかありません。

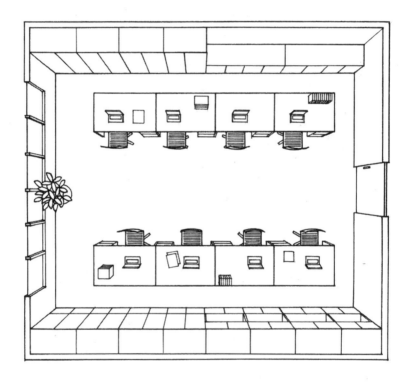

Ⅲ　具体的な作業で守るべきルール

（4）　保護具の着用 … 着用はプロの誇り

　多くの職場では、日々その危険の除去のために努力していますが、まだ十分でありません。本来、職場の危険は、設備の改善により除去すべきですが、未だその技術が開発されていない場合も多く、この時代になっても、保護具に頼らなければならない職場が多々あります。

　そのような職場で、最終的に保護具に頼らざるを得ない作業を行う場合は、多くの場合、保護具を着用することが法令で義務づけられています

　職場は、様々な危険に満ちています。何の危険もない職場は、私の労働基準監督官としての約半世紀の経験では、全くありませんでした。

マクドナルドの保護具

　右の写真をご覧ください。これは、全国の街角に展開するマクドナルドの店舗で使用されている保護具です。あの華やかな店舗の厨房では、揚げ油（フライドポテト用です）をフライドポテトの美味を維持するために常時入れ替えています。その入れ替えでは、顔面にはフェースマスクをかぶり、手には熱い油にも耐える保護手袋、胴体には保護エプロンを着用しています。靴はすべらないように特別の靴を履いています。

日本マクドナルド㈱ご提供

　このようにして働く人の安全を保護しつつ美味しいフライドポテトを供給しているのです。

2 躾の実際

　命をかけて働く職場、そこまではいかなくても大ケガをする可能性のある職場で、誇りを持って働いている方々は、**自分の命、体を守る保護具をきちんと着用し、それを着用することによってはじめて、危険と隣り合わせの職場でも安全に働く能力を保持できている**という自覚を持っています。それが本当のプロの証であり、プロの誇りとなっているのです。

> ### とび職の方の保護具
>
> 　冒頭でご紹介申し上げた日本のとび職は、ハシゴの上で華やかに舞い、美しい木遣りを歌いますが、作業では必ず墜落制止用器具とヘルメットを着用します。
>
> 　右の写真は長野県で活躍されている現役の職長さん（企業での役職名は工事部長）の写真です。ご覧ください。この方は高所作業のベテランですが、墜落防止用のヘルメットとハーネス型の墜落制止用器具（しかもフックが2つ付いて、移動中でも常に機能する二丁掛けです）を着用し、清潔な上衣のボタンをキッチリと締め、清潔なとび職用のズボンと地下足袋で足元を固められています。この方のモットーは「**とび職は美しくなければならない。美しいとび職であって初めて完ぺきな工事ができる**」です。私の大いに尊敬するところです。
>
>
> ㈲加々美組ご提供

また、**美しい着用の方法は、保護具の使用方法を厳しく守ること**です。保護具の使用方法は、その保護具の使用マニュアルに必ず記載があります。詳細に読んで厳守してください。

特に注意すべき点は、保護具はおおむね頑丈に作ってありますが、目視の点検ではその有効性を確認できない場合がほとんどです。見た目は頑丈そうでも、必ずその有効期限、使用年数を守らなければなりません。

保護具は多種多様なものがあり、本書でそのすべてを記載することは不可能です。多くの働く人が共通に心得ておくべきものとして、以下の3種類だけをご紹介します。

1 ヘルメット（安全帽）

ヘルメットは、墜落、飛来落下および感電用の3種類があります。墜落および飛来落下は、両方に共用の物が良いでしょう。ヘルメットは、異常な事態の時に有効性を持っていなければならないので、単に頭に載せていればいいというものではありません。きちんと着用しなければなりません。

きちんと着用するためには、次の点に注意が必要です。

i ヘルメットは真っすぐ深くかぶる。後ろに傾けたり、ななめにかぶったりしないこと

— 61 —

ななめにかぶったりしないこと
ⅱ　ヘルメットの内部にある頭の締め具を自分の頭のサイズにきちんとあわせること

ⅲ　あごひもを十分に締めつけ、異常時に外れないようにすること

　ヘアスタイルが気になって、ヘルメットの着用がルーズになっている例が見られますが、決してあってはなりません。命にかかわるからです。

2　墜落制止用器具（旧名「安全帯」）

　自分の体を守るため、**墜落制止用器具は必ず着用**するようにしましょう。着用に当たっては、次の点に注意が必要です。

ⅰ　腰骨の上部に親指が1本入る程度の固さで締めること
ⅱ　ベルトと安全綱の連結部（D環）の位置が背部になること

①図　　　②図　　　③図　　　④図

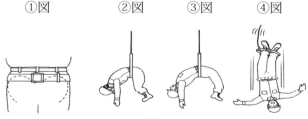

— 62 —

III 具体的な作業で守るべきルール

> **人間の体はもろい**
>
> 　ガラスのコップに水を入れると、水は全重量の6割を占めます。これを1mの高さから落下させると、大抵ガシャンとコップが割れて、内部の水が散乱します。人間の身体も水分が6割です。頭部は硬い頭蓋骨でおおわれていますが、1mの高さでも、墜落すると、頭蓋骨もガシャンと割れて、脳が散乱することがあります。人間もガラスのコップと同じです。ガラスコップと同じように、大変もろくて壊れやすいものです。
> 　私は多くの悲惨な墜落現場を体験しました。この悲惨な墜落を防止する最後の手段が墜落制止用器具です。

　墜落制止用器具は正しく着用しないと、いざという時にイラスト②のようになります。重大な腹部臓器損傷の恐れがあり、イラスト③のようになると、脊髄損傷の恐れがあります。とくにイラスト④のようになると、そのまま墜落し、生命の危険があります。

　なお、**墜落制止用器具は下図のようなハーネス型が最適**です。法令上はハーネス型でなくても合法の場合がありますが、私は、左ページ下図のような状態になって、死亡したり、重大な障害を被ったりした多数の例を知っています。できる限り、ハーネス型を着用するようにしてください。

　また、フックはなるべく作業場所の上方、できる限り作業者の垂直上方の場所が最適です。墜落した場合、少なくとも安全綱の長さだけは落下するからです。安全綱の長さの分だけの落下でも、人間の身体には大きなショックとなります。

− 63 −

❸ 騒音作業場所での耳栓、イヤーパフの使用

　法令上、騒音作業の指定は、作業の性質ごとに指定されており、騒音レベルによって定まっているものではありません。

　常時85デシベル以上になるような職場では耳栓やイヤーパフの着用は不可欠ですが、それに止まらず、**できる限り85デシベル未満の作業場所であっても、騒音のある作業場所では耳栓やイヤーパフの着用をされるようお奨め**します。特に騒音性難聴は一旦発生すると、不可逆的で元に戻りません。できる限りの着用の励行が、望まれます。

【騒音作業に係る管理区分表】

		B 測定		
		85dB(A) 未満	85dB(A) 以上 90dB(A) 未満	90dB(A) 未満
A測定平均値	85dB(A) 未満	第Ⅰ管理区分	第Ⅱ管理区分	第Ⅲ管理区分
	85dB(A) 以上 90dB(A) 未満	第Ⅱ管理区分	第Ⅱ管理区分	第Ⅲ管理区分
	90dB(A) 未満	第Ⅲ管理区分	第Ⅲ管理区分	第Ⅲ管理区分

備考1　「A測定平均値」は、測定値を算術計算して求めること。
　　2　「A測定平均値」の算定には、80dB(A) 未満の測定値は含めないこと。
　　3　A測定のみを実施した場合は、表中のB測定の欄は85dB(A) 未満の欄を用いて評価を行うこと。

【騒音防止のためのガイドライン】（平成4年10月1日基発第546号）

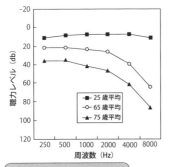

「高年齢労働者の活動促進のための安全衛生対策」（公益財団法人大原記念労働科学研究所北島洋樹氏著P 23より引用　中央労働災害防止協会刊）

騒音対策の重要性

　厚生労働省のガイドラインによると上図のように、概ね85デシベル以上の騒音レベルの職場について対策が必要になっています。しかし、騒音による障害は、85デシベル以上になるとにわかに発症するのではなく、作業者の素因によって千差万別です。もっと低レベルでも、十分に発症の可能性があるし、現に発症しています。

　また、「聴力の加齢による変化」表に示すように、加齢によって不可避的に難聴が進行すると考えられており、現に多くの高齢者が、程度の差はあれ、何らかの難聴にり患しています。私自身も、同表と同じ程度の難聴になっていて、大変不自由しています。

　加齢による難聴の進行は不可避のように思われていますが、私の信頼する耳鼻咽喉科の医学者の方は、加齢に伴う難聴の進行は不可避的でない、その証拠にアマゾンやアフリカの静かな環境で暮らす民族の人々には加齢に伴う難聴は見られないと仰います。

　日本の熟年者が難聴なのは、普通の生活に伴う騒音によるものだそうです。すべての騒音は、有害であるのです。

（5）　特に注意すべき作業

　　作業には、どんな作業にも特有の危険があります。しかし、特に危険な作業というのが存在します。私の半世紀にわたる経験によれば、以下の4つです。

❶　非定常作業

　　労働災害は、非定常作業で起きることが多いです。非定常作業とは、ルーティンの作業でない全ての作業をいいます。ルーティン作業では労働災害はほとんど起きません。この非定常作業に移る瞬間が、あなたの職業生活の中で、もっとも危険な瞬間なのです。

　　代表的なものは、❷の修繕・清掃等作業ですが、これだけではありません。すべての作業者にとって、ルーティン作業から、**急に、あるいは時として、あるいは臨時に**行う作業は、ほかの作業者にとってはルーティン作業であっても、**当人にとっては**、非定常作業です。

Ⅲ　具体的な作業で守るべきルール

> **非定常作業のルール**
>
> 　非定常作業のルールは、千差万別であり、大変残念ですが、ここでは紹介することができません。でも幸いなことに、とても有効な一つのルールがあります。
>
> 　それは、非定常作業に移る前に一瞬作業を止めて、これからやる非定常作業の全体像を頭に浮かべ、危険性をチェックすることです。このチェックがもっとも必要で重要な作業です。いわゆる危険予知≪ＫＹ≫です。
>
> 　50ページの「作業変更時の一呼吸…『一呼吸も一工程』」を再読してください。『一呼吸も一工程』です。勇気をもって、作業を一時停止し、これから行う作業をチェックしてください。

❷　機器類の故障・修繕作業 … 機器類の修繕、清掃等はその運転を停止したうえで行うこと

　非定常作業の代表的なものは、機器の故障による修繕作業、機器類に物がはさまったりして当該機器の運行に不具合が生じた場合および機器類の清掃作業です。

　この場合のルールはたった２つです。

　ⅰ　その起動装置（**スイッチ**）を閉（**ストップ**）にする

　ⅱ　起動装置（スイッチ）の扉にカギをかける、あるいは決して動かさないように注意札をかける

－ 67 －

2 躾の実際

　ⅰのルールは、動いている場合は、その機器の運転を停止することであり、動いていない場合は、修理作業中にその機器が不意に動き出すかもしれないからです。

　ⅱのルールは、機器の修繕中に第三者が不注意に起動装置のスイッチを入れることを防止するためです。

勇気を出して止めること

　機器が故障により停止して修繕する場合よりも、機器が動いている状態のものがはるかに危険です。特にちょっとした清掃で元に戻る場合であったり、ほんのちょっと手当をすれば元に戻るというような場合です。この場合こそ、上記の2つのルールを厳格に守ることが必要です。

　ほんのちょっとした不具合を直すために機器類を止めることは、とても勇気がいります。特に、コンベア作業である場合、前後の膨大な作業を止めることになるからです。しかし、それを止めることが「安全第一」の思想なのです。それを止めることが「あなたを守ること」以上に、「企業を守ること」なのです。

　決して、機器を動かしたまま修繕作業・清掃作業等をしてはなりません。ほんのちょっとした場合であればあるほど、必ず、運転を停止して、作業しなければなりません。

　機器類に巻き込まれ、命を落としたり、腕や足を失ったりする「巻き込まれ災害」のもっとも主要な原因が、信じがたいことですが、ほんのちょっとした不具合の修繕や、機器に付着したほこりなどの除去作業なのです。

Ⅲ　具体的な作業で守るべきルール

❸　高所作業 … 手すりをチェック、そして墜落制止用器具と保護帽の着用

　一般の床より高い場所での作業はすべて高所作業と考えるべきで、**高所作業はすべて危険**だと認識してください。危険だと認識することが、もっとも大事です。その認識で多くの墜落災害は防止できるでしょう。

　認識したうえで、その場所が安全かどうかをチェックしてください。安全な作業場所とは、決して墜落しない堅固な手すりが設置されているものです。堅固な手すりが設置してあれば、その場所は高所作業ではありません。

　手すりがない場合は、少なくとも、**１m以上の高さでは、必ず墜落制止用器具と墜落防護用のヘルメットの着用が必要**です。１m未満で墜落制止用器具等を着用しない場合は、注意力を最大にしてください。高齢者の場合は、このような作業は避けるべきです。

高所作業と安全

　あらゆる職場に高所作業があります。労働安全衛生法では、高所作業とは２m以上の高さの作業場所をいうと定義しています。したがって、法的には２m以上の場所ですが、これは、第二次大戦後の混乱した最中の昭和22年の労基法に作られた定義です。

　私には、85cmの高さからの死亡災害を調査した経験があります。私だけの特殊な例ではなく、多くの監督官や安全専門官の共通の経験です。35cmの高さの墜落災害を経験したという同僚を知っています。

— 69 —

なお、墜落制止用器具は作業場所の高さが低くなればなるほど、作業者の頭上でなるべく高い位置にフックをかけてください。安全綱の長さだけは落下しますので、落下距離をなるべく少なくするためです。

4　脚立作業

あらゆる職場で脚立が常備され、使用されています。職場だけでなく、家庭でも日常的に使用しています。ありふれたものですが、とても危険な道具です。脚立により多くの墜落災害が発生しています。

脚

脚立はとても不安定です。加えて、脚立は四本足です。安定しているように見えますが、安定しているのは、四本足の接地する場所が正確に水平である時のみであって、そうでない場合は極めて不安定です。特に、作業場がデコボコしていたり、ゴミが散乱していたり、小さな小石があったりしたら、その不安定さは極限になります。ところが、脚立は特に臨時的な作業に使用されますから、そのような場所で使われる可能性がとても高くなっています。

III 具体的な作業で守るべきルール

「脚立」とは

脚立という言葉を見てください。

「脚」が「立つ」と書きます。

この「脚」はハシゴの『脚』の意味です。ハシゴの両側の柱を『脚』といいますが、この『脚』を2つに折って、『脚』だけで『立つ』ようにしたものが「脚立」なのです。

ハシゴは、立てかけた部分で固く結び、決してずれたり、倒れたりしないようにして使用しますが、そのようにして使用するハシゴを、真ん中で2つに折って、それだけで立つようにしたのが脚立なのです。

i 床の点検と清掃

脚立のルールの最初は床の点検です。

水平でなければ使用してはなりません。さらに脚立の足の部分に、小石やごみがあれば脚立はグラつきとても危険です。必ず清掃してください。そして清掃後にぐらつかないかどうか、確認してください。

ii 2人以上で作業すること

脚立作業は、必ず同僚に補助を求めてください。1人で行うには危険が多すぎます。

床の点検と清掃をし、それでもグラつく場合が多くありますので、もう1人の作業者が、脚立をグラつかせないように手で支えなければなりません。

— 71 —

iii 脚立の昇降は手ぶらで行うこと

　脚立の昇降には何も持たないで、手ぶらで行うことが必要です。脚立作業者が必要とする道具類等は、脚立作業者が脚立上で位置決めをし、作業できるような体勢を作ってから、補助者から手渡してもらってください。

iv 作業姿勢は３点支持

　３点支持とは、両足と両足以外のもう一つの部分が脚立に接していて、この３点で身体を脚立に安定させるという意味です。つまり、両足は踏み桟に乗せ、もう一点は腰や腿を脚立に接触させ、あるいは片手で脚立をつかみ、身体全体を安定させるということです。

　このような姿勢をとって作業する場合は、脚立の上部から少なくとも３番目以下の踏み桟に足を乗せて作業する以外はありません。上部から２つ目までの踏み桟は、足を乗せるものではなくて、腿や腰を安定させるためのものです。ここは、乗るところではありません。

　脚立最上部の部分・天板に乗って作業したりしているのを見ることがありますが、これは自殺行為に等しい使い方です。また、同様に脚立の上部の踏み桟にまたがって足を

乗せている作業者を見かけますが、これも同様です。下のイラストはすべて悪い例です。

5 荷の持ち上げ作業

　若い人ほど、荷の持ち上げ作業に注意していません。ぎっくり腰や腰痛になったことがないからです。ぎっくり腰や腰痛に一度なったら、ほとんど生涯悩むことになります。

　この2つの疾患は、荷の持ち上げ作業の際に、もっとも多く発症します。しかも、荷が予想に反して軽い場合でも起こります。

　まず必要なことは、**これから持ち上げようとしている物の重さを知る**ことです。最近は箱入りのものの場合は、その重量を表示している例が多くなりました。腰痛等を防止するためです。中味がわからない時には、知っている人に聞いて、その重さを認識してください。

　その上で、下記の事項を守ってください。

　　i　持ち上げる物の重量限度
　　　○　18歳以上の男子従業員は体重のおおむね40％以下
　　　○　18歳以上の女子従業員は、断続作業の場合は30kg・継続作業の場合は20kg以下で、かつ、体重のおおむね4分の1以下

○ 上記の重量を超える場合は、身長差の少ない従業員 2 人以上で行うこと
○ 18 歳未満の男子・女子従業員は次表の制限以内

年齢および性		重量（単位　キログラム）	
		断続作業の場合	継続作業の場合
満 16 歳未満	女	12	8
	男	15	10
満 16 歳以上満 18 歳未満	女	25	15
	男	30	20

ii　重量物を持ち上げる際の姿勢

　　重量物を持ち上げるときは、以下の事項に注意してください。

・重量物を持ち上げるときは、できるだけ体を対象物に近づけ、重心を低くすること
・荷物を持ち上げるときは、片足を少し前に出し、膝を曲げ、腰を十分に下ろして、荷物を抱え、膝を伸ばすことによって立ち上がるようにすること
・荷物を持ち上げるときは呼吸を整え、腹圧を加えて行うこと

【正しい姿勢】

【悪い姿勢】

III　具体的な作業で守るべきルール

6　重量物の運搬作業 … 運搬用具を使用する

　重量物の運搬は、人力だけで行ってはなりません。行っていい重量は、片手で持って、持った方の肩が下がらない、背骨が曲がらない程度のものです。

　重量物の運搬は、必ず運搬用具を使用してください。用具を使用する場合、次ページ図○印の姿勢のように、押す力を腰の位置にすると背骨に対する負荷が少なくなります。また、右図×印のように、後ろ向きになって引いて運ぶ作業は、脊柱に対する負荷が大きくなります。できる限り押して運ぶようにしてください。

キャスター付きかばん

　最近旅行かばんもキャスター付きが多くなりました。個人的な感想をいうと、壮年の男性がキャスター付きの旅行かばんを引っ張って歩いている姿は違和感があり、私自身は決してキャスター付き旅行かばんを使用しないようにしています。しかし、職務として運搬を行う場合は別で、キャスター付き運搬具を推奨いたします。前項で持ち上げていい重量を表示していますが、あの重さは、運搬しないで、その場所だけで一時的に持ち上げるためだけの重さです。

下の右図は、1輪車あるいは2輪車による物品の運搬の例ですが、このような運搬作業はお勧めできません。できる限り左図のような4輪の運搬具の使用を心がけてください。

　下の左図のように、前方が見えないような形で荷物を押すと、作業者は必然的に後ろ向きになって引いて作業するようになります。この形は、腰部をひねって引く作業になるので、腰や背骨に対する負荷が大きくなり、また、他の作業者や施設にぶつかったり、通路のデコボコに気が付かず転倒したりする可能性が高くなります。これは最悪の作業姿勢といってよいでしょう。

　したがって、前方の視野を確保できる程度の高さに荷を積んで、前方に押しながら運ぶようにしなければなりません。

　下の図は、陸上貨物運送事業労働災害防止協会が高齢者のための安全策として考案されたものですが、高齢者だけでなく、すべての労働者の参考になるやり方です。

陸上貨物運送事業労働災害防止協会「高年齢労働者に配慮した交通労働災害の手引き」P 22 より引用)

Ⅳ　労働災害発生時における対応

　私は、昭和 40 年代の初頭から労働基準監督官の職務として、死亡災害直後の様々な現場に赴き、多くの悲惨な状況を目にしてまいりました。

　その中で、茫然自失している多くの関係者を見ましたが、また一方、幸いなことに、そのような悲惨な状況の中でも、実に多くの方々が、悲しみをこらえて、同僚として、友人として、人間として、実に毅然とした対応をされておられるのを目にすることもできました。

　大変悲しいことですが、そのような時こそ、矜持ある人間としての、毅然とした対応がとても求められます。その時は、その職場のトップであろうと新人であろうと変わりなく、自らの悲しみや失意の念を抑えて、沈着冷静に対処しなければなりません。

（1）　救護者の安全の確保

　労働災害が発生した場合は、二次災害の防止、被災者や救護者の安全を確保するために、緊急措置をする必要があります。その必要性が高いものは、感電事故、酸欠・有毒ガス事故、機械への巻き込まれ事故です。

1　感電事故

感電している充電部分の通電を停止してから、被災者の救護を行うようにしてください。救護者も感電する危険性があります。

2　密閉された室内、地下室、坑、井戸、サイロ等で作業者が倒れている場合

このような場所は酸素欠乏や有毒ガスによる中毒が考えられます（詳細は下記酸素欠乏危険場所です。その概要を覚えておいてください）。

そこでの作業は、専門知識のある酸素欠乏作業主任者の直接指揮のもとに行う必要がありますが、そのような専門家がいない場合は、場合によっては消防署などに緊急の出動を要請する必要があります。

酸素欠乏危険場所

1　次の地層に接し、または通ずる井戸等の内部
　　イ　上層に不透水層がある砂れき層のうち含水もしくは湧水がなく、ま
　　　たは少ない部分
　　ロ　第一鉄塩類または第一マンガン塩類を含有している地層
　　ハ　メタン、エタンまたはブタンを含有する地層
　　ニ　炭酸水を湧出しており、または湧出するおそれのある地層
　　ホ　腐泥
2　長期間使用されていない井戸等の内部
3　ケーブル、ガス管その他地下に敷設される物を収容するための暗きょ、
　　マンホールまたはピットの内部
4　雨水、河川の流水または湧水が滞留しており、または滞留したことのあ
　　る槽、暗きょ、マンホールまたはピットの内部
5　海水が滞留しており、もしくは滞留したことのある熱交換器、管、暗きょ、
　　マンホール、溝もしくはピット（以下この号において「熱交換器等」という。）
　　または海水を相当期間入れてあり、もしくは入れたことのある熱交換器等
　　の内部
6　相当期間密閉されていた鋼製のボイラー、タンク、反応塔、船倉その
　　他その内壁が酸化されやすい施設（その内壁がステンレス鋼製のものまた
　　はその内壁の酸化を防止するために必要な措置が講ぜられているものを除
　　く。）の内部
7　石炭、亜炭、硫化鉱、鋼材、くず鉄、原木、チップ、乾性油、魚油その
　　他空気中の酸素を吸収する物質を入れてあるタンク、船倉、ホッパーその
　　他の貯蔵施設の内部
8　天井、床もしくは周壁または格納物が乾性油を含むペイントで塗装され、
　　そのペイントが乾燥する前に密閉された地下室、倉庫、タンク、船倉その
　　他通風が不十分な施設の内部
9　穀物もしくは飼料の貯蔵、果菜の熟成、種子の発芽またはきのこ類の栽
　　培のために使用しているサイロ、むろ、倉庫、船倉またはピットの内部
10　しょうゆ、酒類、もろみ、酵母その他発酵する物を入れてあり、また
　　は入れたことのあるタンク、むろまたは醸造槽の内部
11　し尿、腐泥、汚水、パルプ液その他腐敗し、または分解しやすい物質
　　を入れてあり、または入れたことのあるタンク、船倉、槽、管、暗きょ、
　　マンホール、溝またはピットの内部
12　ドライアイスを使用して冷蔵、冷凍または水セメントのあく抜きを行っ
　　ている冷蔵庫、冷凍庫、保冷貨車、保冷貨物自動車、船倉または冷凍コン
　　テナーの内部
13　ヘリウム、アルゴン、窒素、フロン、炭酸ガスその他不活性の気体を
　　入れてあり、または入れたことのあるボイラー、タンク、反応塔、船倉そ
　　の他の施設の内部
14　前各号に掲げる場所のほか、厚生労働大臣が定める場所

3 機械巻き込まれ災害

ただちに機械を停止し、起動スイッチに錠をかけ、あるいは監視人を置いてから救助作業に入ってください。

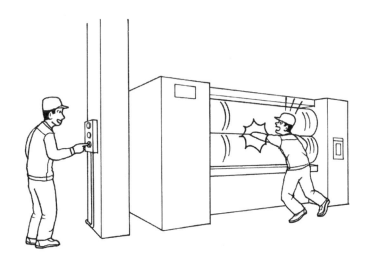

(2) 救命、応急手当

次に、救命応急手当です。それと、生命の危険があるときは、躊躇なく救急車を呼び、また近くに「AED」がある場合は、持って来てもらう必要があります。また、すぐさま大きな声を出して、救急車を呼ぶための応援を求めなければなりません。

このような災害時の場合は、最初に見つけた人がその場のリーダーになる必要があります。周囲の人には、例えば、応急措置のための救急箱を取りに行ってもらう、AEDを取りに行ってもらう、携帯を持っている人に119番の通報をしてもらう、電話をしに事

IV　労働災害発生時における対応

務所に走っていってもらう等を行ってもらいます。

　自分が周りの人でしたら、応援を頼まれなくとも、自ら積極的に、救急措置の役割を担いましょう。

❶　心停止や呼吸停止が疑われる場合

　i　まず意識の確認、

　　「○○さん、大丈夫ですか！？」と呼びかけて意識の有無を確かめましょう。意識があれば、ある程度安心です。

　ii　119番に通報

　　意識の有無にかかわらず、119番に通報します。通報は、なるべく早い方が良いので、発見者が携帯を持っていれば、自ら行いましょう。携帯から119番通報をすれば、何を確認してどうすればよいかのアドバイスが得られます。

　iii　呼吸の確認

　　規則的で正常な呼吸をしているかどうか目視で判断します。呼吸の確認に迷ったらすぐに心臓マッサージをしましょう。

呼吸の確認方法

　判別不能、不自然な呼吸、または10秒以内に呼吸が確認できなければ「呼吸なし」と判断します。不自然な呼吸、例えばしゃくりあげるようなゆっくりとした不規則な呼吸は「死戦期呼吸」といい、心停止（心室細動）直後数分の間に約半数の人に起きるといわれています。これを「呼吸あり」と安心してしまうと大切な救命のチャンスを逃してしまいます。

－ 81 －

iv　心臓マッサージ

　　心臓マッサージとは、被災者の胸の心臓のあたりを両手で圧迫して血液の循環を促すことです。経験がないと、うまくやれるかどうか不安ですが、医師等の専門家以外はほとんどの人が未経験です。勇気を出して、やりましょう。

心臓マッサージの方法

　胸骨の下半分、胸の真ん中に手の付け根を置き両手を重ねて、圧迫します。肘を真っ直ぐ伸ばし、100 〜 120 回 / 分の速さで継続出来る範囲で強く、圧迫を繰り返しましょう。

　心臓マッサージは、心停止の場合は少しでもやった方がやらないよりははるかにいいといわれています。また、強くやり過ぎて、胸骨の骨折を起こす恐れがありますが、それを恐れず、専門家が到着するまでは、決して休まず、近くにいる人と交代しながら継続する必要があります。

v　AED の使用

　　体が濡れていれば拭き取ってください。それ以外の手順は AED の音声ガイダンスに従えばいいのです。配備されている AED は一般の人でも使えるように操作を自動化していて、電気ショックが必要であるかどうかも AED が心電図を解析し自動的に判断します。

（以上は、救急措置について訓練を受けていない人が実施する方法です。少しでも知識があれば、これよりももっと確実な救急措置が可能になりますし、この知識は仕事だけでなく日常生活においても十分に役に立ちます。救急措置は、色々な団体がほぼ無料で講習しています。日頃から積極的に参加し、知識を身につけておいてください。）

❷　止血措置 … 高位保持と直接圧迫止血法の実施

出血している場合は、止血処置が必要です。とくに動脈の場合は多量の失血が予想されるので、なるべく早く止血しなければなりせん。ただし、人間の身体には、出血を止める仕組みがある程度備わっており、出血がなかなか止まらない場合に行うものです。

止血措置を一般人が行う場合は二つで、一つは出血部位を心臓よりなるべく高い位置に置くというやり方です。これだけでもかなりの効果があるとされていますが、その他の止血法と併用すればいいでしょう。

もう一つは、直接圧迫止血法です。これは、出血している箇所にガーゼ等をあてがい、手のひらで強く圧迫したり、必要に応じ包帯で巻く方法です。

かつては、出血箇所より心臓に近い箇所を止血帯で締め付ける方法も推奨されていましたが、現在は、医学専門家でない一般人が行うと、むしろ害が多いといわれています。したがって、上記の二つの方法を実施して、あとは専門家の到着を待ちましょう。

なお、以上の方法では、手当てをする者が負傷者の血液に触れる可能性があります。その場合は、血液などの接触を感染経路とする疾病にり患する危険性もあるため、なるべく負傷者の血液に触れないように努力するとともに、衛生手袋を着用するなどの感染予防の措置をとる方が良いでしょう。

労働災害時など困難な状況の場合は、衛生的なビニール袋（レジ袋など）でも代用することができます。

❸ 手足や指が切断された場合 … 切断された手足や指を病院に運ぶ

手足や指が切断された場合は、切断された手足等を清潔なガーゼ等で包み、できれば氷水に着けて冷やしながら、被災者と共に病院に運べば、場合によっては接合できることがあります。被災者にとって、切断された部分が接合できるかどうかは、その後の人生に大きな違いが出ます。ぜひ配慮してください。

❹ 死者を追悼する

死亡災害の場合は、死亡災害の現場近くのしかるべき場所で、死亡者を追悼し、敬意を表してください。

追悼することで死亡者を悼む多くの同僚、また現場を訪れた家族の方々に多くの慰めを与えてくれるでしょう。

V 非常事態への対応 … 矜持ある人間・社会貢献する企業人としての心構え

2011年3月11日、東北地方を大震災が襲いました。

巨大な地震と未曽有の津波の襲来は、今なお私たちの心に消すことのできない大きな哀しみを残しています。しかし、そのような大災厄の中においても、人々の珠玉の行動が人間社会の将来に希望の灯をともし続けています。

例えば、迫ってくる津波に抗して、港の水門を閉鎖に行った消防団の人々、逃げ惑う人々に交差点に立って高台に行く近道を教え続けたマクドナルド店のアルバイト等、決して忘れることができません。

これらの行動は、組織人としてよりも、矜持ある人間としての行動であったのでしょう。

これらの矜持ある人間としての行動の中には、津波を目前にして列車乗客を冷静に誘導し高台に避難させたJR東日本の駅員、地域の避難者に企業施設を一時的避難所として提供した女川原子力発電所等など、組織人としての組織的な行動が多くの被害を防止しあるいは軽減した例が数多くありました。

企業に勤務するということは、企業目的実現のための一翼を担うということですが、その企業目的の中には、通常時における企業活動の他に、非常事態における企業人としての活動があります。

非常事態における企業人としての活動は、大きく分けて三種類あり、一つは、JR東日本の駅員の乗客誘導のように、企業の活動自体に非常時における適切な活動が本来的に期待されているものです。

二つ目は、女川原子力発電所のように、企業の本来的活動には含

まれないが、企業が有する能力を社会に役立たせる行動です。

　そして三つめは、前の二つの行動と同時に、あるいはそれ以上に重要なものですが、企業活動のできるだけの継続です。なぜならおよそすべての企業は、その活動自体がなんらかの社会貢献のためであるからです。社会貢献であるからこそ、この社会に存続を許されています。

　したがって企業は、非常事態発生に当たって、非常事態であるからこそ、さらに一層通常時における通常の業務のできるだけの継続を図る必要があります。

　以上をまとめると、非常時における従業員の行動は、矜持ある人間としての行動と社会貢献する企業人としての、大きくて分けて二つあります。このいずれについても従業員は、日頃からその心構えを自覚しておく必要があります。

Ⅵ　安全を大事にする考え方を身につけること

■ US スチールの「安全第一」

　有名な「安全第一」の標語は、US スチール社長のエルバート・ヘンリー・ゲーリーが 1900 年代初頭に、それまでは「**生産第一、品質第二、安全第三**」という経営方針を「**安全第一、品質第二、生産第三**」に大きく変更し、品質や生産よりも、安全が先であると宣言したものです。

　この方針が実行されると、労働災害は、たちまち減少しました。

　しかし、労働災害が減少しただけではありませんでした。まったく意図しなかった、品質・生産性も大きく向上し、この安全第一の方針が、品質や生産性の向上にも必要不可欠のものであることを証明したのです。

② フォード自動車の４Ｓ＋躾

　　整理・整頓・清掃・清潔は、US スチール「安全第一」の標語が始まったほぼ同じ時期に、流れ作業による大量生産方式を始めた T 型フォード車の工場で始まりました。

　　これを始めたのは、ヘンリー・フォードです。

　　彼は、流れ作業という現代の大量生産方式の基本を発明・実践した現代資本主義の大偉人ですが、それと同時に、「４Ｓ」も始めました。

　　彼は整理・整頓こそ、優秀な職人の基本であると考えていました。

－ 87 －

そこで、従業員に、作業場の整理・整頓を行わせるとともに、特に、通路については、物を置くことを禁止しました。

これは現代においても、安全に必要・不可欠な基本的な処置と考えられていますが、すでに彼は、100年以上も前に実行に移していました。

さらに、工場は清潔・清掃が何より重要だとして、整理・整頓を心がけさせるとともに、清潔・清掃のための専任チームに、工場の清掃、窓拭き、塗装に従事させました。

ヘンリー・フォードは、工場は美しくなければならないと考えたのです。考えただけではなく、専任のチームを作ってまで、それを実行に移したのです。

しかも専任のチームがそのようなことをすれば、従業員も自ら工場を美しくするためにマナーがよくなり、さらに工場は美しくなり、安全衛生の水準が高まるだろうと考えたのです。

すなわち、整理・整頓に加えて、清潔・清掃を日常的に行い、それを職場に定着させて職場を美しくすることが必要だと考え実行したのです。

これは、現代日本でいう「躾」と呼ばれているものにほかなりません。

❸ 日本の安全第一の始まり … 1912年の足尾鉱業所の標語

（古河機械金属㈱様ご提供のものです。同社で、現在も大切に保管されています。）

日本での「安全第一」は 1912 年に始まりました。

始めた人は、古河鉱業㈱足尾鉱業所の所長小田川全之です。

彼は、1911 年に足尾銅山所長に就任すると、翌年の 1912 年に「safety first」を「安全専一」と訳して、日本で始めて「安全第一」を中心とする活動を始めたのです。

彼は、「safety first」を安全第一とは訳しませんでした。彼は、おそらく、働く人の安全は、品質や生産効率と比較考量すべきものでなく、何があろうとただひたすら、守るべき神聖なものと考えていたのではないでしょうか。

しかし、そのような彼の思想は、その後全国に広がり、今もなお、わが国に脈々と伝わっています。その証拠に、その後「専一」という言葉こそ、いつの間にか英語の直訳である「第一」に変更されていますが、今なお、わが国では「品質第二、生産第三」の言葉は使われていません。今でも、彼の「専一」の意味が、我が国の安全活動に、活き活きと生き続けています。

4 旧海軍造船所の安全第一 …「安全は…国守る」

この標語は、佐賀県の北西伊万里湾にある旧海軍の軍需工場に掲げられていた標語です。

この工場は戦後長い間放置されて、廃墟となっていましたが、平成 24 年に取り壊されました。取り壊されることが報道されたので私は急いで現地に行きました。

軍需工場らしく鉄筋コンクリート造りで頑丈に作られた建屋の中の明かりは、窓から入ってくるわずかな光だけでした。

その薄暗い工場の中で、白ペンキが塗られた十数か所に、対照的な黒々とした墨で、様々な種類の安全標語が、書かれてい

― 89 ―

るのです。

　そして注目すべきは、もっとも目立つ工場の中心の壁に、下の写真のような標語「安全はあなたを守る・国守る」という標語が掲げられ、そこだけが明るく、ボウっと光っているようでした。

　太平洋戦争は負け戦でした。最後の頃は、少しでも多くの兵器を作り出すべく、とても働く人の安全を配慮することは不可能だったようにも思います。しかし、この工場の管理者たちは、そうではなく、働く人の安全を守ることが、わが国を守ることになると信じて、この標語を掲げ続けたのです。

〈著者撮影〉

　これを定めて標示した人びとは、今はもう記録がなく誰かわかりません。歴史の彼方に消えました。しかし、私は、これを定めた人びとを心から尊敬しています。

　なお、ここに書かれている標語のなかの「国」の字は、「王」を囲むとなっています。この王に「、」がつけられて、これが「玉」に変わり、現在の「国」に変わったのは、昭和25年のことだったそうです。その理由は、不明です。

　（平成24年、この旧海軍の造船所は、伊万里市によって取り壊されましたが、幸いなことに、この安全標語は、そのほかの標語とともに、関係者の方々の特別のご配慮により、大事に切り取られ、保存されています。これらの標語は、いずれ、何らかの形で、公開されるでしょう）

3 新しい躾の創造に向けて

　本書において、私は、現在、各企業で共通に実践されている共同作業のルール・作法を躾としてご紹介いたしました。

　これまで述べてきた企業の共同作業のルール・作法は、約100年余前にUSスチールのゲーリー会長やヘンリー・フォードが創始し、その後多くの企業のトップたちがこれに様々な事項を付加し、さらに深化をさせてきました。これは事実です。しかし、これがすべての事実であるということではありません。

　むしろ、「ゲーリー会長やヘンリー・フォードが創始した」という表現自体も、実は間違いではないかと恐れています。

　というのは、彼らがいいだしたことが、このように圧倒的に短時日で全世界に広まっていったのは、これらが「創始」されたものでなく、実は大昔から既に存在しており、多くの人が薄々そうではないか、と無意識に感じていた事実であったからこそ多くの人の共感を得て、この思想をコアに多くの人がさらに様々なものを付け加えて今日の姿を迎えたのではないでしょうか。

　冒頭に「躾」の美しいモデルとして、オールブラックスやとび職の方々の作法をご紹介いたしました。これらは明らかに、誰か1人の創造物ではなく、そこに参加する多くのプレイヤーや多くの職人たちの知恵と自己規律と自己鍛錬が生み出したものにほかなりません。いやそれだけでも足りません。

　オールブラックスの「ハカ」はマオリ族の伝統のものであるし、とび職の木遣りも日本の庶民が作り出した伝統の音階でもあります。明らかに、多くの無数の人々が、長い年月の経験と知恵を出し

3 新しい躾の創造に向けて

合って作り出したものです。

　私は、本書においてご紹介申し上げた各企業の「ルール」も同じではないか、と思います。これらのルールも、多くの働く人々が、その細部を練り上げ、考案を尽くしたものに間違いありません。

　これから、日本の職場は大きく変化して行きます。変化しなければ、日本社会の発展はないと思います。この変化に応じて、「躾」の形も大きく変化するだろうし、変化させなければならないと思います。

　その変化に当たって、私はこれまでもそうであったように、今後も、多くの働く人々の全員参加型による創造が必要と思います。

　「躾」は「上司が定め、部下がこれに従う」というものではありません。「躾」は関係者全員で定め、全員が全員を躾けるものです。そのようにして、わが国の「躾」が発展し、維持されてきました。少なくとも、特に職場の共同作業の作法、特に安全衛生の分野では、そうでした。

　我が国の職場は、現在すでにすさまじい勢いで変貌していますが、今後もまた、様々な国内・外の環境の変化に伴い、さらに大きく変化していくものと思われます。

　しかしいかなる変化があろうとも、日本独特の躾が、これまでと同様に関係者全員の協働を基礎にして進歩・発展していけば、その変化に適切に対応し、あるいはその変化を利用して、さらに社会や企業が発展していけるものと信じます。

東内　一明（ひがしうち　かずあき）

　昭和41年熊本大学卒業後、旧労働省入省。労働基準監督官に任官し、各地の労基署に勤務。昭和58年須崎労基署長、平成7年熊本労働基準局長、平成10年茨城労働基準局長等を歴任。平成11年旧労働省退官。

　その後、中小企業国際人材育成事業団常務理事・東亜建設工業顧問を経て、現在、東鉄工業、不二家、マクドナルド、山崎製パン、三井製糖、ヴィ・ド・フランス等の安全管理を主担任とする顧問を務めながら、一般社団法人労務安全管理センターの代表理事に就任している。

　　編・著書等
「介護労働者の労働時間管理」　介護労働安定センター
「安全衛生管理モデル規程・文例集」　新日本法規出版
「企業における労務監査の手引」　新日本法規出版
「実は危険な飲食店職場」　労働新聞社
「働く高齢者の安全・健康管理」　労働新聞社

労働災害を防ぐ「しつけ」のすすめ

2018年　6月20日　初版		
2023年　4月18日　初版4刷		

著　　者	東内 一明	
発 行 所	株式会社労働新聞社	
	〒173-0022　東京都板橋区仲町29-9	
	TEL：03-5926-6888（出版）　03-3956-3151（代表）	
	FAX：03-5926-3180（出版）　03-3956-1611（代表）	
	https://www.rodo.co.jp　　pub@rodo.co.jp	
表　　紙	辻 聡	
印　　刷	株式会社ビーワイエス	

ISBN 978-4-89761-710-7

落丁・乱丁はお取替えいたします。
本書の一部あるいは全部について著作者から文書による承諾を得ずに無断で転載・複写・複製することは、著作権法上での例外を除き禁じられています。

労働新聞社発刊　東内一明の著書

働く高齢者の
安全・健康管理
－ハード・ソフトの改善で生涯現役を目指す－

理論や理屈は後に回し、高齢者にとって必要・不可欠な設備の改善方法、具体的な取り組み方法などの、すぐに取りかかるべき具体策を中心に解説しています。
さらに必要性が高い方からやるべきことを順番に並べましたので、職場で該当するものから実施することができます。高齢者だけでなく、すべての年齢層の労働者にとって有用なものとなっています。

※B5判・116ページ
※税込定価　1,210円

実は危険な
　　飲食店職場
～人と職場を美しくすれば安全は確保できる！～

飲食店舗に特化した「安全思想・安全手法」を内容とし、必要不可欠なものだけに限定して解説しています。労働基準監督官として職業生活を通じ安全を追求し続け、日本マクドナルド、不二家の安全管理アドバイザーを務める著者が出した答えが凝縮。飲食店舗に携わる全ての方にお読みいただきたい1冊です。

※新書・224ページ
※税込定価　880円

私たちは、働くルールに関する情報を発信し、経済社会の発展と豊かな職業生活の実現に貢献します。

労働新聞社の定期刊行物・書籍の御案内

人事・労務・経営、安全衛生の情報発信で時代をリードする

「産業界で何が起こっているか？」労働に関する知識取得にベストの参考資料が収載されています。

週刊　労働新聞

※タブロイド判・16ページ
※月4回発行
※購読料　税込46,200円（1年）
　　　　　税込23,100円（半年）

- 安全衛生関係も含む労働行政・労使の最新の動向を迅速に報道
- 労働諸法規の実務解説を掲載
- 個別企業の労務諸制度や改善事例を紹介
- 職場に役立つ最新労働判例を掲載
- 読者から直接寄せられる法律相談のページを設定

安全・衛生・教育・保険の総合実務誌

安全スタッフ

※B5判・58ページ
※月2回（毎月1日・15日発行）
※購読料　税込46,200円（1年）
　　　　　税込23,100円（半年）

- 法律・規則の改正、行政の指導方針、研究活動、業界団体の動きなどをニュースとしていち早く報道
- 毎号の特集では、他誌では得られない企業の活動事例を編集部取材で掲載するほか、災害防止のノウハウ、法律解説、各種指針・研究報告など実務に欠かせない情報を提供
- 「実務相談室」では読者から寄せられた質問（安全・衛生、人事・労務全般、社会・労働保険、交通事故等に関するお問い合わせ）に担当者が直接お答え
- デジタル版で、過去の記事を項目別に検索可能・データベースとしての機能を搭載

みんなでチェック！
危険な製造現場のイラスト事例集

各種製造現場のイラストを見て
そこに潜む危険ポイントを探そう！

より安全衛生の理解が深まるよう
詳細な解説も付いた32事例を収録

【書籍】
※B5判・72ページ
※税込定価　660円

上記定期刊行物の他、「出版物」も多数　https://www.rodo.co.jp/

労働新聞社

労働新聞社　検索

購読者が無料で利用できる
労働新聞　安全スタッフ　電子版
をご活用ください！
PC、スマホ、タブレットで
いつでも閲覧・検索ができます

〒173-0022　東京都板橋区仲町29-9　TEL 03-3956-3151　FAX 03-3956-1611